Sherko Bekas blickt in die Geheimnisse tiefer Seen, betrauert mit den Vögeln den Tod der Blumen, tobt mit den Wellen gegen die Netze der Fischer und legt sein Ohr an das Herz der Erde. Er wird Zeuge des Kampfes zwischen Feld und Pflanze und reist durch den Tunnel der Fremde. Das Brausen des Euphrats und die Melodie von Tod und Verbannung klingen in seinen Gedichten. Die Erinnerungen seines Volkes sind seine Quelle.

Sherko Bekas wird verehrt als der große Erneuerer der kurdischen Sprache.

»Behutsam reiht sich Bild an Bild zu einem unendlichen, sprechenden Universum.« *Sächsische Zeitung*

Sherko Bekas

Geheimnisse der Nacht pflücken

Gedichte

Mit einem Vorwort
von Bachtyar Ali

Aus dem Kurdischen von
Reingard und Shirwan Mirza
und Renate Saljoghi

Unionsverlag

Im Internet
Aktuelle Informationen, Dokumente und Materialien
zu Sherko Bekas und diesem Buch
www.unionsverlag.com

Neptunstrasse 20, CH-8032 Zürich
Telefon +41 44 283 20 00
mail@unionsverlag.ch

Die erste Ausgabe dieses Werks im Unionsverlag erschien 1993
Umschlagbild: Unter Verwendung einer Illustration von
wektorygrafika (Alamy Stock Vector)
Umschlaggestaltung: Peter Löffelholz
Satz: Sven Schrape
Druck und Bindung: Pustet, Regensburg
ISBN 978-3-293-00552-5

Der Unionsverlag wird vom Bundesamt für Kultur mit einem
Verlagsförderungs-Strukturbeitrag für die Jahre 2016–2020 unterstützt.

Auch als E-Book erhältlich

INHALT

SHERKO BEKAS UND DIE VIELEN FORMEN DER FREIHEIT

Vorwort von Bachtyar Ali

In meiner Jugendzeit besuchte ich jede Woche meinen Onkel mütterlicherseits, um mir aus seiner Bibliothek Bücher zu leihen. Die Titel der meisten sind mir inzwischen entfallen. Aber an einige, die mich tief beeindruckten, kann ich mich heute noch erinnern. Dazu gehört ein Gedichtband von Sherko Bekas mit dem Titel *Meinen Durst stillt nur das Feuer*. Gleich die ersten Strophen zogen mich in ihren Bann. Diese leuchtenden, gewaltigen Zeilen packten mich so sehr, dass ich es bis heute spüren kann. Je mehr ich las, umso klarer wurde mir, dass Sprache mehr vermag, als nur etwas darzustellen und auszudrücken. Bislang hatte ich hinter jedem Text seinen Sinn und die Absicht des Autors gesucht. Aber in diesem Augenblick spürte ich zum ersten Mal die Ästhetik der Sprache als eigenständige Kraft und begriff, dass die Befreiung der Sprache wesentlicher ist als der Sinn hinter den Worten. Sherko Bekas' Poesie schwebte außerhalb jener rigiden Lyrikstrukturen, die ich kannte. Sie war ein endgültiger Abschied von der klassisch traditionellen Dichtkunst, deren Normen so lange als unantastbar und heilig gegolten hatten.

Etwa sechs Jahre nach dieser Entdeckung sah ich ihn zum ersten Mal, in einem kleinen Teehaus in Sulaimaniya, gebeugt über, wenn mich meine Erinnerung nicht täuscht, den Roman *Die Pest.* Zu jener Zeit war er bei der kurdischen Leserschaft bereits hoch angesehen, und seine jüngste Gedichtsammlung *Dämmerlicht* lag in den Buchhandlungen. Er war kurz zuvor, nach seinem Exil im Süden vom Irak, wieder in den Norden nach Kurdistan zurückgekehrt und hatte eine unbedeutende Anstellung im Amt für Wasserversorgung. Noch hatte er es nicht gewagt, sich endgültig niederzulassen, da er fürchtete, die Baathisten würden ihn erneut verhaften und in den Süden ins Exil schicken.

Wir begannen zu reden, und sofort fühlte ich die tiefe, immerwährende Unruhe in seinem Innersten, die ihn bis zu seinem Tod begleitete. Seine Körpersprache drückte das aus, was in ihm keinen Frieden finden konnte. Über die Jahre traf ich ihn immer wieder, aber die tobende Unruhe, wie ich sie bei der ersten Begegnung wahrgenommen hatte, begleitete ihn ständig. Selten sah er den Menschen in die Augen. Wenn er es aber tat, dann war es, als würde er für einen kurzen Augenblick aus sich herausschlüpfen, um ebenso schnell wieder in sich hineinzuflüchten. Sein mächtiger Körper, sein wildes, dichtes Haar und seine wie gemeißelt wirkenden Gesichtszüge ließen ihn unerschütterlich wirken, aber in Wirklichkeit ertrank er in Scham und Unsicherheit. Im Gespräch wurde seine rauchige Stimme nie laut. Wenn er aber Gedichte vortrug, verwandelte er sich in einen anderen Menschen: Er wurde zu einem, der in die weiteste Ferne hinausschreien, Wut und zugleich Freude zeigen kann. Dann war seine Schüchternheit wie verflogen.

Gedichte zu verfassen, war für ihn mehr als nur ein Akt des Schreibens. Er stellte damit eine Beziehung zur Welt her. Und genau diese Beziehung wollte er beim Vortrag seiner Gedichte zeigen und verkörpern. So wichtig, wie uns Kurden seine Gedichte waren, so sehr erwarteten wir auch, sie aus seinem Mund zu hören. Wenn er sie vortrug, unter Einsatz seines ganzen Körpers, laut rufend, ja, schreiend, wurde das, was er niedergeschrieben hatte, erst lebendig und vollkommen. Außer ihm selbst konnte kein anderer die Tiefe seiner Poesie wiedergeben.

Bei jener ersten Begegnung trug er die handgeschriebene Übersetzung von *Der alte Mann und das Meer* in seinem Aktenkoffer. Die erste Frage, die ich an ihn richtete, war, warum er diese Novelle übersetze. »Weil sie von der Kraft und dem Wagemut eines Individuums handelt«, antwortete er. Auch bei späteren Gesprächen, die ich mit ihm führte, beharrte er darauf, dass kreative Menschen einsame Geschöpfe seien, während ihm sein eigener zutiefst paradoxer Zustand bewusst war: Er wollte ein einsamer Fischer sein wie Santiago, aber die politischen Umstände in Kurdistan zwangen ihn zu einer anderen Bestimmung. Die Kurden in allen Teilen Kurdistans sahen in ihm den Dichter ihrer Nation, ihren Helden, der dem Herzen des kurdischen Volkes entsprungen war. Und ihre Erwartungen an ihn kannten keine Grenzen. Er aber sehnte sich danach, inmitten der Poesie des Meeres einsam wie Santiago zu kämpfen.

Sherko Bekas hatte keine Wahl. Er wurde in die Politik und den Lauf der Geschichte hineingezwungen, und war zeit seines Lebens ein Teil davon. Schon in jungen Jahren gehörte er zu den Gründern einer kleinen nationalistischen Partei, die an ein großes Kurdistan aus allen seinen vier Teilen glaubten. Diese Partei bestand aber nur aus einer Handvoll Intellektueller. Sie erreichte nie die breiten Massen und verschmolz bald mit anderen Parteien. In den Fünfzigerjahren bis hin zu den Siebzigerjahren war für Sherko Bekas und seine Zeitgenossen, so wie für viele andere Schriftsteller auf der Welt, die Politik unausweichlich. Also war auch seine Literatur politisch geprägt. Bewusst arbeitete er daran, dass seine Lyrik bei der Befreiung des kurdischen Individuums eine Rolle spielte. Literatur und Politik sollten sich einander annähern, beide nach den gleichen Zielen streben und am großen Freiheitsprojekt beteiligt sein.

In den Achtzigerjahren widmete er sich zur Gänze dem politischen Kampf gegen Saddam Hussein. Die meisten wussten, dass aus seiner Feder die Texte der Hymnen stammten, welche in den Bergen die Widerstandsbewegung gegen das Regime sang. Er schrieb gegen die Brutalität der Baathisten und gegen alle

Diktatoren seines Weltteils. Sherko Bekas sah aber nicht nur die faschistischen Bewegungen und Diktatoren als eine große schwarze Wolke, sondern ebenso die Mullahs und die Religionsgelehrten. Im Jahre 1970 gab er mit seinen Kollegen das literarische Ruanga-Manifest heraus und forderte darin radikale Reformen. Und das nicht nur in der Lyrik, sondern in allen Bereichen des Lebens. Weil er sich gegen den blinden Gehorsam in der Religion stellte, wurde er zur Zielscheibe einer Großoffensive. Er wurde bei Freitagspredigten in den Moscheen angegriffen, und einige Mullahs sprachen eine Fatwa gegen ihn aus. Ab diesem Zeitpunkt und bis zu seinem letzten Atemzug stand er in einem unaufhörlichen Konflikt mit den Islamisten, die sogar nach seinem Tod nicht aufhörten, den Wert seiner Werke herabzusetzen. In ihren Augen war er ein Vorreiter des Atheismus und Vorbild der Ungläubigen.

Seine Gedichte waren eine große Bemühung, ein neues Lebensgefühl entstehen zu lassen. Er pries und besang alle Formen der Freiheit: die Freiheit der Nationen, die Meinungsfreiheit, die Freiheit des Körpers bis hin zur Freiheit in der Liebe und der Religion.

Der wachsende Druck und die schwerwiegenden Drohungen brachten ihn in Lebensgefahr. Er musste Kurdistan verlassen und in Schweden Asyl suchen. In den Jahren seines schwedischen Exils fand er Anerkennung auch außerhalb der kurdischen Grenzen. Er verkehrte mit renommierten Dichtern wie Ahmad Schamlou und Adonis, und allmählich kristallisierte sich heraus, dass er zu den herausragenden Poeten der zeitgenössischen Literatur gehörte. Im persischen, aber auch im arabischen Raum fand er weitherum Anerkennung. 1988 wurde er mit dem schwedischen Tucholsky-Preis ausgezeichnet, der an Schriftsteller verliehen wird, die aufgrund ihrer Weltanschauung in ihrer Heimat bedroht und verfolgt werden. In Schweden schrieb er das große Poem *Darbendi Papula,* das als eines der wichtigsten Werke der kurdischen Literatur gilt.

Als sich Saddams Streitkräfte im Jahre 1991 aus der kurdischen Region zurückzogen und eine kurdische Verwaltung zustande kam, kehrte Sherko Bekas in die Heimat zurück. Er wurde mit offenen Armen empfangen. In welcher Stadt auch immer er seine Gedichte vortrug, füllten sich die Veranstaltungshallen mit Hunderten von Literaturliebhabern, die ihm erstaunt lauschten. Bei der Bildung der ersten kurdischen Regierung wurde ihm das Amt des Kulturministers angeboten, von dem er aber bald zurücktrat, als ein neues Gesetz die Pressefreiheit einschränkte. Fortan widmete er sich einem neu gegründeten Verlag.

In diesen Jahren wurde mein Verhältnis zu Sherko Bekas immer enger, obwohl unsere Welten, die Poesie und die Prosa, weit auseinanderlagen.

Im Jahre 1992 hielt ich einen Vortrag über die Beziehung zwischen Lyrik und Geschichte in Sherko Bekas' Poesie. Er saß in der ersten Reihe und hörte, ungeduldig wie üblich, zu. Ich vertrat die These, dass

Sherko eine faustische Beziehung zur Geschichte habe, der er zur Gänze seine Seele verschrieben hatte, damit ihn die Geschichte zu ihrem Vertreter macht. Am Ende des Vortrags wirkte er niedergeschlagen. Ich war mir sicher, dass er sich aus tiefster Seele wünschte, ein Dichter der einfachen, kleinen und vergänglichen Dinge zu sein, losgelöst von jeglicher politischer Aufgabe. Ein Dichter der Geschichte wollte er nicht sein. Ihm ging es darum, der Poesie ihre wahre Essenz zurückzugeben – als eine menschliche Handlung und nicht als eine politische Aktion.

Sherko war ein äußerst kreativer Dichter. Immer wieder wandelten sich sein Stil und die Technik seiner Poesie. In seinen späteren Jahren widmete er sich oft dem Epos. Meisterhaft konnte er die kleinen Dinge mit großen historischen Ereignissen verknüpfen. In seinem Langgedicht *Der Stuhl* veranschaulicht er durch einen schlichten Stuhl die kurdische Geschichte über siebzig Jahre. In seinen letzten Jahren trieb ihn die Beobachtung um, dass die großen Entwicklungen in Politik und auch Natur die Besonderheiten der kleinen und schlichten Dinge zerstört hatten. Sein gesamtes Werk, das mehr als zehntausend Seiten umfasst, ist auf grandiose Weise mit dem gesamten Orient und Kurdistan verbunden, genährt aus den historischen Ereignissen und den Besonderheiten der Natur, getränkt mit mystischen Symbolen und Signalen, hinter denen sich bestimmbare Personen und Namen, alte Sagen und wahre Begebenheiten verbergen. Er war eine wandelnde Enzyklopädie der kurdischen Literatur. Er bewahrte und belebte in seinem Werk den reichen Wortschatz der Sorani-Sprache, er war der Dichter der kurdischen Nation, doch nie hat das die universelle Gültigkeit seines Werks eingeengt. Seine Stellung unter den Dichtern, jenen aus der Vergangenheit wie der Gegenwart, ist einzigartig.

Bei unserer letzten Begegnung sprachen wir über Walter Benjamins These über das Aquarell *Angelus Novus* von Paul Klee, das jenen Engel der Geschichte darstellt, der sich mit aufgerissenen Augen, offenem Mund und ausgespannten Flügeln von etwas zu entfernen scheint. Benjamin schreibt: »Der Engel der Geschichte muss so aussehen. Er hat das Antlitz der Vergangenheit zugewendet. Wo eine Kette von Begebenheiten vor uns erscheint, da sieht er eine einzige Katastrophe. […] Er möchte wohl verweilen, die Toten wecken und das Zerschlagene zusammenfügen. Aber ein Sturm weht vom Paradies her, der sich in seinen Flügeln verfangen hat […] und treibt ihn unaufhaltsam in die Zukunft.« Ich denke, wenn es im Orient so einen Engel gäbe, dann hätte er Sherko Bekas' Gestalt und würde mit betrübtem Blick auf die Trümmer der Vergangenheit und der Zukunft schauen.

Während fünfzehn Jahren besuchte ich ihn jedes Mal, wenn ich nach Kurdistan reiste. Er war ein außergewöhnlicher Kettenraucher. Immer wieder schaute er auf die Zigarette in der Hand und meinte: »Ich weiß, sie wird mich umbringen, aber ich kann mich nicht von ihr trennen.« So war es dann auch. An einem Sommertag im Jahre 2013 stand ich vor einem Gemälde von Goya im Museo del Prado in Madrid, als ich die Nachricht von seinem Tod erhielt. Die jahrelange Unruhe und das Rauchen haben ihn schließlich besiegt. Er starb an Lungenkrebs in einem Stockholmer Krankenhaus. Nun ruht er im öffentlichen *Park der Freiheit* in Sulaimaniya. Seine Grabstätte ist die einzige frei zugängliche in diesem Park. Er hat unsere Sprache erneuert und die Weltanschauung vieler Menschen in Kurdistan beeinflusst. Er war ein Dichter der Humanität und hat die Sprache des Menschen gesprochen. Viele Schriftsteller unserer Generation mussten darum ringen, sich vom Einfluss seines Stils zu befreien. Wie sehr die Meinungen über ihn sich auch unterscheiden mögen, ich denke, alle Generationen nach ihm werden in seiner Schuld stehen.

DIE MUTTER

Ich schlief zwischen zwei Gärten
und träumte bunte Träume.

Ich versteckte mich zwischen zwei Sternen
und pflückte einen Strauß von Geheimnissen
der Nacht
für meine Gedanken.

Ich schlenderte zwischen zwei Bächen,
und das Rauschen des Wassers und die Wellen
wurden meine Freunde.

Ich gesellte mich zu zwei Liebenden,
und meine grauen Haare
wurden allmählich wieder schwarz.

Als ich bei zwei Müttern saß,
begegnete mir
die größte Liebe dieser Erde.

GEDULD

Oh, meine traurige Frau!
Lass deine Geduld
wie deine nussbraunen Haare wachsen …

Nimm auch die Armut
in dein Herz und deinen Schoß auf
wie unsere vier Kinder …

Ich weiß, wie dunkel die Nacht ist.
Öffne der Verzweiflung die Türe nicht!
Sprich nie mit Tränen!

Möge der Schmerz ein harter Fels sein,
ihr aber jene fünf schönen Blumen,
die auf seinem Gipfel blühen.

BRENNEN

Auf den Stufen der Angst
ist die Dunkelheit wie ein Dieb
in meine Seele hinabgestiegen.

Als sie bei meinem Herzen ankam,
wollte sie ihre Hand danach ausstrecken.

Plötzlich

habe ich deine Liebe angezündet
und in ihr die Dunkelheit
und die Angst verbrannt.

TRENNUNG

Wenn sie aus meinen Gedichten
die Blumen wegnehmen,
stirbt eine meiner vier Jahreszeiten.

Wenn sie meine Liebste
daraus wegnehmen,
sterben zwei meiner Jahreszeiten.

Wenn sie das Brot
daraus wegnehmen,
sterben drei meiner Jahreszeiten.

Wenn sie die Freiheit
daraus wegnehmen,
stirbt mein ganzes Jahr und ich selbst.

BLICK

Als du hereinkamst,
wurden meine Blicke
zu einem Schmetterling,
der im Saal umhertanzte,
bis er sich auf der Blume,
die dein Haar zierte,
niederließ.

Aber in jenem Augenblick,
als du die Blume herausnahmst
und sie einem anderen gabst,
wurde der Schmetterling meiner Blicke
in deinen Fingern
entstäubt,
ohne dass du es wusstest.

DIE HAUBE

Hast du bemerkt:
Wenn eine Schar Wiedehopfe
am Sarg einer Blume oder eines Zweiges
vorbeifliegt,
dass sie innehalten
und aus Respekt vor der Trauer ihre Hauben ziehen,
bis der Sarg vorüber ist?

Oder hast du bemerkt,
wie eine Eichel
um einen getöteten Vogel weint
und ihr Häubchen abnimmt,
um damit ihre Tränen zu trocknen?

Aber jedes Mal, wenn mich in meinem Zimmer
die Nachricht von einer getöteten Eiche
oder einem erwürgten Vogel erreicht,
setzt mein Füller seine Kappe auf
und weint.

ROGEN

Der See, in dem der Schriftsteller
ertränkt wurde,
blickte hinab auf seinen Grund.

Als er genauer hinsah,
entdeckte er auf seinem Bett, dass
dort, wo die Schreibfeder schlief,
ein großer Fisch
seine Rogen abgelaicht hatte
für Tausende von Geschichten.

SCHMUCK

In den alten Zeiten erzählte man:
Ein Gedicht belud sich
mit dem Schmuck einer Kaiserin.

Die Tage vergingen.

Als die Kaiserin starb,
wurde auf Befehl des Kaisers
das Gedicht
zusammen mit der Kaiserin und ihrem Schmuck
begraben.

STURMFLUT

Die Flut sagte zum Fischer:
Für das Toben meiner Wellen
gibt es viele Gründe.
Der wichtigste davon ist,
dass ich für die Freiheit der Fische
und gegen das Netz bin.

VERBEUGUNG

Eine Mohnblume
verneigte sich vor einer Dornenblume
und küsste ihr die Hände.

Als sie sich danach erhob,
war ihr Rot zu ihren Füßen vergossen;
und bis zum Tode quälte sie sich
wegen ihrer Blässe.

DIE HEUSCHRECKE

Eine Heuschrecke kletterte
auf eine Rauchwolke
und schrieb in das Dunkel der Nacht:
Von jetzt an ist das Wandern des Regens
verboten.

Die Wolken kletterten auf die Berggipfel
und schrieben ihre Antwort
mit Blitz und Wolkenbruch
in den Morgenhimmel.

DER VERGLEICH

Die Geschichte kam
und verglich ihre Größe
mit der Größe deines Leides.
Dein Leid war ein paar Fingerbreit größer.

Als das Meer seine Tiefe mit der Tiefe
deiner Wunden vergleichen wollte,
schrie es aus Angst,
darin zu ertrinken.

SINNSPRUCH

Es gibt viele Dinge,
die rosten, vergessen werden
und schließlich sterben
so wie Krone, Zepter und Thron eines Königs.

Aber es gibt auch viele andere Dinge
auf dieser Welt,
die nicht zerfallen, nicht vergessen werden
und nie sterben,
so wie der Hut, der Stock und die Schuhe
Charlie Chaplins.

DAS LAMM

Nach dem Knall
und nachdem das Flugzeug verschwunden war,
suchte ein Lamm mit dem Maul
vergeblich nach den Zitzen seiner Mutter.

Es konnte weder seine Herde
noch den Weg zum Wasser wiederfinden.

DIE LIEBE

Ich habe mein Ohr an das Herz
der Erde gelegt.
Sie hat mir von der Liebe zwischen sich
und dem Regen erzählt.

Ich habe mein Ohr an das Herz
des Wassers gelegt.
Es hat mir von der Liebe zwischen sich
und den Quellen erzählt.

Ich habe mein Ohr an das Herz
des Baumes gelegt.
Er hat mir von der Liebe zwischen sich
und den Blättern erzählt.

Als ich mein Ohr an das Herz
der Liebe selbst gelegt habe,
hat sie mir von der Freiheit erzählt.

GEMEINSAM

Eines Abends saßen ein Blinder,
ein Tauber und ein Stummer
eine Zeit lang auf einer Parkbank beieinander.
Sie saßen aufrecht und waren heiter.

Der Blinde sah mit den Augen des Tauben.
Der Taube hörte mit den Ohren des Blinden.
Der Stumme verstand beide an der Bewegung
ihrer Lippen.
Alle drei gemeinsam rochen sie den Duft
der Blumen.

DIE LIEBENDE

Es war das erste Mal, dass eine Zuckerrohrpflanze
gegen ihr Feld aufbegehrte.
Diese schlanke und blasse Liebende
hatte ihr Herz dem Wind geschenkt.

Das Feld willigte nicht in die Heirat ein.
Die von Liebe Verzehrte sagte:
»Er bedeutet mir mehr als ihr alle,
hier ist mein Herz.«

Das empörte Feld rief den Specht
als Strafe für die Liebende,
deren Augen bereits feucht von Tau waren.
Der Specht hämmerte einige Löcher
in Herz und Körper der Pflanze.

Von diesem Tag an war die Liebende
eine Flöte,
und die Hand des Windes
brachte ihre Wunden zum Sprechen,
und sie singt bis heute für die Welt.

ROMAN

Oh, schönes Mädchen,
den Roman, den ich dir gab,
brachtest du nach dem Lesen zurück.
Als du ihn in mein kleines Regal stelltest,
versammelten sich alle Kurzgeschichten um ihn.

Er erzählte von seinem mehrtägigen
Zwiegespräch mit deinen Augen,
und er sagte ihnen:
Die Schöne mag nur lange Geschichten wie
mich lesen.
Kurzgeschichten schaut sie nicht einmal an.

Nach einer Weile sah ich,
dass alle Kurzgeschichten
deinen Augen zuliebe
zu Romanen geworden waren.

DIE WURZELN

Auch wenn die Sterne, die Wolken,
der Wind und die Sonne
die Mörder nicht sehen,
wenn die Vögel am Himmel getötet werden
und der Horizont sich taub stellt
und die Berge und die Wasser sie vergessen,
so sollte es zumindest einen Baum geben,
der sie sieht und ihre Namen
in seine Wurzeln schreibt.

DER SCHLÜSSEL

In einem fernen Land
brachte ein schreckliches Ereignis
einen verlorenen Schlüssel zum Weinen.
Man hatte nicht nach ihm gesucht,
sondern mit Gewalt das Stadttor zerschlagen.

IM WALD

Es wurde dunkel.
Ein Löwe in seiner Höhle dachte darüber nach,
dass er am folgenden Tag
seinen Nachbarn, den Tiger,
angreifen sollte.

Der Tiger dachte darüber nach,
dass er am folgenden Tag
dem Fuchs
das Fell abziehen sollte.

Der Fuchs dachte darüber nach,
wie er den Zaun am Rande des Baches erreichen
und die Jungen der Tauben fressen könnte.

Die Taube jedoch dachte darüber nach,
wie sie die Jäger, die Vögel
und die Tiere des Waldes versöhnen könnte.

Wie ihr das wohl gelingt?

DAS NEUE JAHR

Die Wiese, die kein Kuss des Regens
im letzten Jahr zum Sprießen gebracht hat,
mache ich dieses Jahr grün,
sagte die Wolke.

Mit der schönen Blume, die ich mir
letztes Jahr nicht ins Haar gesteckt habe,
werde ich mich dieses Jahr schmücken,
sagte der Garten.

Den hohen Baum, mit dem ich
letztes Jahr nicht getanzt habe,
fordere ich dieses Jahr zum Tanz,
sagte die Brise.

Die Neujahrskrone, die ich
letztes Jahr aufgesetzt habe,
wird kleiner erscheinen als die Krone
    dieses Jahres,
sagte der Berggipfel.

Die Bäche, mit denen ich
letztes Jahr getändelt habe,
werde ich dieses Jahr um ihre Hand bitten,
sagte der See.

Der Horizont, in den ich
letztes Jahr nicht geflogen bin,
wird dieses Jahr Ziel meiner Reise sein,
sagte der Vogel.

Die schwarzäugigen Buchstaben, die ich
letztes Jahr noch nicht kannte,
werde ich mir dieses Jahr als Armreif über
 die Hände streifen,
sagte ein Mädchen.

Den Wirbelsturm, der mich
letztes Jahr zurückwarf,
werde ich dieses Jahr durchbrechen,
sagte das Pferd.

Aus den Kerzen meiner zwölf Finger
strahlt dieses Jahr mehr Hoffnung
als letztes Jahr,
sagte der Leuchter auf dem Tisch.

Das Weizenkorn, das ich
letztes Jahr nicht bis zu meinem Bau
 schaffen konnte,
werde ich dieses Jahr einbringen,
sagte die Ameise.

Das Gedicht, scheu wie ein Reh,
das ich letztes Jahr nicht zähmen
und meinen Augen vertraut machen konnte,
werde ich dieses Jahr zähmen,
in das Wolkenbett meines Gedichtbandes legen
und in meinen Armen schlafen lassen,
sagte zuletzt ich.

DER MOND UND DAS MEER

Früher … Früher,
da gab es nicht diesen Mond,
sondern einen anderen, schöneren,
sein Gesicht war viel strahlender.

Das Wasser war wie besessen von ihm,
es begehrte ihn.
Jede Nacht ging es an der Küste auf und ab,
wartend …

Aber der Mond schenkte ihm keine Beachtung.
Das Meer wollte ihn mit einer Liste fangen.
Auch die Wellen, selbst wenn sie sich erhoben,
konnten seine Wangen nicht erreichen.

Der Mond gab sich unnahbar,
spielte mit dem Meer Verstecken
und verschwand hinter den Wolken.

Eines Tages verreiste der Mond für ein Weilchen
in die Wüste
und blieb ein paar Nächte fort.

Als er zurückkam, war sein Gesicht staubig,
wie auch seine Haare und sein Silberkleid.

Als er zurückkehrte, lag das Wasser im Schlaf.
Der Mond beschloss, sich zu waschen,
legte eilends seine Kleider ab
und schritt auf das Wasser zu.
Er war verwirrt.

Als er den Fuß auf einen glatten Stein setzte,
platschte es. Der Mond rutschte …

Das Meer erwachte wie ein Verrückter
und suchte nach dem Mond
oben, unten …
und suchte mit der Hand in der Tiefe
bis zum Grund.
Auf und ab,
doch es war kein Mond da.

In dieser Nacht wurden
Flut und Ebbe geboren.

DER WAGGON

Ich weiß … du und ich,
wie weit wir auch voranschreiten,
wir werden uns niemals treffen,
denn wir sind wie ein Paar Schienen.
Wenn wir uns einander zuwenden,
werden die Waggons der Herzen entgleisen.
Dann wirst du erkennen,
wie viele Liebesbriefe, Flakons mit Parfüm
und Stelldicheins
und wie viele Küsse
voller Regen
für uns beide
sterben werden,
wenn sich ein so turbulenter Waggon
überschlägt.

VERGESSEN

Du hast sie auf dem Tisch vergessen.
Ganz leise, als ob ich meine Hände
nach zwei schlafenden weißen Tauben ausstreckte,
hob ich sie auf.

Draußen verfolgte der Wind die Schneeflocken
und ließ die schmalen Gassen vor Kälte zittern.

Nur ich allein
hüllte mich in meine warmen Fantasien
und machte mich auf den Weg.

Oh, Mädchen!
Bis zu meinem Zimmer
waren deine Finger in meiner Hand;
bis ich einschlief,
umarmten mich deine Hände.

Oh, Mädchen!
Auch wenn meine zehn Finger
einer nach dem anderen abfrieren,
werde ich die Nacht der Handschuhe
nie vergessen.

»Wenn die Finger abfrieren«: Redewendung für »Wenn das Schlimmste passiert«

DEINE LIEBE

Deine Liebe gleicht dem Wind –
wenn ich brennen möchte,
kommt sie und löscht mich.

Deine Liebe gleicht dem Wind –
wenn ich glühe,
kommt sie und entfacht mich.

ERGEBNIS

Das Gefängnis,
in dem der Mond getötet wurde,
wurde von den Sonnenstrahlen umzingelt.

Der Fluss,
der das Rinnsal verschluckte,
wurde selbst vom Meer verschlungen.

HOFFNUNG

Wenn meine Liebe zu dir Regen wäre,
so stünde ich bereits darin.

Wenn die Liebe zu dir Feuer wäre,
so hockte ich bereits darin.

Ah, du mein geliebtes Kurdistan!
Mein Gedicht sagt:
»Solange es Regen und Feuer gibt,
werde ich auch leben.«

DIE LAST

Für mich gleicht
der Kopf eines Nagels
dem eines Gedichtes.

Beide dringen mit scharfer Spitze
in die Tiefe.

Der eine durch die Wucht des Hammers
und das andere durch die Last
des Schmerzes.

GAST

Als der Regen
in meinem Zimmer
zu Gast war und fortging,
hinterließ er mir eine Blume.

Auch die Sonne
kam mich in meinem Zimmer besuchen.
Als sie fortging,
hinterließ sie mir einen kleinen Spiegel.

Der Baum war
in meinem Zimmer zu Besuch.
Als er fortging,
hinterließ er mir einen Kamm.

Aber als du, schönes Mädchen,
Gast meines Zimmers warst
und fortgingst,
hast du die Blume, den Spiegel und den Kamm
mitgenommen,
aber welch ein Gedicht hinterlassen.

SCHIFF

Mein Herz kommt mir vor wie ein Schiff
mit durchlöchertem Boden.

Immer wieder drückt Wasser herein,
und ich schöpfe es aus.

Bis ich eine Schüssel alten Kummers
ausgeschöpft habe,
ist sie schon mit neuem Kummer gefüllt.

Doch weder sinkt dieses taumelnde Schiff,
noch geht es im Wirbelsturm dieser Nacht
vor Anker.

STANDPUNKT

Der Schatten eines Maulbeerbaumes zog sich zurück,
als er erfuhr,
dass der Wanderer,
der unter ihm ausruhen wollte,
drüben im Tal
ein paar junge Bäume gefällt hatte.

Der Mond löschte sein Licht,
als er erfuhr,
dass man in seinem Schein das Netz knüpfte,
um am kommenden Tag
die ersten Strahlen der Morgendämmerung
zu fangen.

Ein Schlüssel verhakte sich im Schlüsselloch,
als er spürte,
dass man eine Laterne herausholen wollte,
um sie zu erwürgen.

Ein Weg führte die Soldaten
einen nach dem anderen in die Irre,
als er erfuhr,
dass sie auf dem Weg waren,
einen Garten gefangen zu nehmen.

Auch zerriss sich ein Brief
in seinem Umschlag,
als er erfuhr,
dass er den Befehl trug:
»Das Gedicht für das geliebte Mahabad
soll hingerichtet werden!«

Mahabad: Kurdische Stadt im Iran, in der im Jahre 1945 die erste kurdische Republik entstand.

PAPPEL

Eine Pappel fragte:
Warum hat diese Trauerweide
ihr Haupt in den Schoß
des Teiches gelegt
und erhebt es nicht wieder?

Die Welle antwortete:
Sie stand stets aufrecht.
Eine Lerche kam immer,
ließ sich auf ihr nieder
und flüsterte ihr zu,
was auf der anderen Seite des Teiches geschah.

Eines Abends hatte die Lerche
Fröhliches zu berichten;
als sie landen wollte,
kam jedoch ein Adler und griff sie an.
Sie stürzte hinab,
und die Trauerweide beugte sich zu ihr herunter,
um sie aus dem Teich zu retten.

Ihr Arm war zu kurz,
die Lerche versank.
Seitdem liegt ihr Haupt im Schoß des Teiches
und sucht nach dem Vogel.

MACHT

Durch das engste Nadelöhr,
auch im Dunkeln,
kann ich den Faden eines Gedichtes ziehen.

Die Träume,
auch die glatten,
kann ich mit der nackten Hand des Satzes
wie diesen Stift fangen.

Den größten Wal des Ozeans
kann ich in einem Becher voll Wörter
unterbringen.

Aber was nie in meinem Herzen
und in meinen Gedichten
Platz finden wird,
ist die Lüge,
groß oder
klein.

NEST

Seit ein paar Tagen hat
ein Paar Turteltauben
auf dem Fenstersims
meines Zimmers
ein Nest gebaut.

Sie gurren zusammen.
Sie picken an die Scheibe,
als möchten sie mit uns sprechen.

Ich sehe sie:
Ihre Augen wie Mandeln
blicken in meine traurigen Augen.
Sie sind glücklich
mit dem neuen Zuhause,
geschützt vor dem brausenden Wind.
Kein Durst, kein Hunger,
sie schmiegen sich aneinander,
und vor Freude schlagen sie
mit den Flügeln.

Ah, ihr Turteltauben!
Ich weiß nicht,
woher ihr gekommen seid,
welch langen Weg ihr hinter euch habt.
Wandernde in der Fremde,
nachdem euer Nest zerstört wurde,
was habt ihr gesehen?

Ich weiß es nicht,
aber ich bedaure euch beide;
dieses Glück währt nicht lange.
Seht ihr nicht mein Gesicht
wie eine versiegte Quelle,
Traurigkeit bedeckt es wie mit Wolken.
Seht ihr nicht mein Herz,
wie es zusammengeschnürt ist
und sein Auge nicht trocknet?

Ah, ihr beiden Turteltauben:
Schlagt nicht mit den Flügeln …
gurrt nicht …
Morgen kommen sie …
Morgen kommen die Tyrannen
und werden diesen Stadtteil,
mein und euer Zuhause, zerstören.

WEINEN

Warum weint dieser Wald?
Vielleicht ist einer seiner Sprösslinge gestorben.
Vielleicht hat die Flut der gestrigen Nacht
einen seiner hübschen Jünglinge entführt.
Vielleicht hat er vom Tode
seines geliebten Vogelschwarmes gehört.

Nein! Er weiß:
Von morgen an wird er einsam zurückbleiben,
da der Tyrann das Lieblingsdorf
nach tausend Jahren vom Gipfel
in den Süden verlegt.

»Süden«: In die Wüste im Süden Iraks

ERDE

Ich griff mit der Hand
nach einem Zweig.
Schmerzerfüllt zuckte der Ast.

Als ich mit der Hand nach dem Ast griff,
begann der Baumstamm
zu schreien.

Als ich den Baumstamm umarmte,
bebte die Erde unter meinen Füßen
und stöhnten die Steine.

Dieses Mal, als ich mich herabbeugte
und eine Handvoll Erde aufhob,
schrie das ganze Kurdistan auf.

LID

Als der Mond aufging,
schenkte er
den ersten Strauß seiner Strahlen
dem hohen Gipfel.

Daneben
blickte ihn eine Quelle fordernd an
und verlangte von ihm einen Kuss.

Aus dem Fenster seines Zimmers
flehte ihn der Brief eines wachenden Liebenden an
zu bleiben.

Als der Mond plötzlich unterging,
suchten alle nach ihm.
Sie sahen,
wie der Mond
in einem Gedicht schlief
und den Kummer der Quelle,
des Briefes und des Gipfels
unter seinen Augenlidern verwahrte.

SCHNEE

Ich war ein Kind,
meine erste Liebe zu dir
wie eine kleine Schneeflocke,
so groß wie ein Ball.

Die Zeit verging.
Ich merke:
So wie das Alter dem Gefälle nachzieht,
rollt auch diese Schneeflocke talwärts
und wächst.

Es wird ein Tag kommen,
oh, mein trauriges weißes Land!,
da dieses kleine Herz
die Last des Schneeberges
nicht mehr tragen kann
und es an dieser Liebe stirbt.

ÜBERLEBEN

Ich ging ans Meer,
es sagte mir:
»Wenn es nach der Angel und dem Netz ginge,
wären schon lange
nicht nur die Fische meiner blauen Seele,
sondern auch ich selbst
zugrunde gegangen.«

Ich ging in den Wald,
er sagte mir:
»Wenn es nach den Träumen der Axt ginge,
würde kein einziger Zweig
in meinem Körper grünen.«

Oh, ihr meine Freunde,
das Meer und der Wald,
solange die Fische deiner blauen Seele bleiben
und deine grünen Zweige wachsen,
werden die Fische der Augen
und der Wald meines Volkes überleben.

TUNNEL

Unter der Oberfläche dieser erschöpften
und verwundeten Seele
ziehen die Stunden der Fremde,
aneinandergekoppelt,
wie Waggons eines Zuges,
Tag für Tag pendeln sie hin und her.

An der Station des Wartens,
an der Station des Abschieds
öffnen und schließen sich
rastlose Türen
wieder und wieder.

Für jeden Schmerz, der aussteigt,
steigen hundert andere ein.

So lang ist der Tunnel der Fremde!
Wohin führt er mich?

Tränen rinnen aus den Augen,
aber er führt mich …
führt mich … führt mich.

STRASSE

Ich vergesse jene Straße nicht,
die uns eines Abends
zu einem mehrstündigen Spaziergang einlud.

Ich vergesse nicht,
wie ich, allein auf dem Rückweg, bemerkte,
dass die Straße war wie wir beide:

An der Stelle deines Flüsterns
spross eine Knospe hervor.

An der Stelle meines Seufzens
kämmte das Licht der Laternen
ganz leise die Haare des Regens.

An der Stelle deines Lachens
sprudelte eine helle Melodie.

An der Stelle, an der ich deine Hand nahm,
sah ich einen Efeu den Springbrunnen hochklettern.

An der Stelle, an der ich dich küsste,
sah ich, wie die Lippen aller Liebenden
zu einem Bienenschwarm wurden,
der am Bienenstock saugte
und unseren Kuss zum Honig
dieser Welt machte.

Ich vergesse nicht die Straße,
die uns eines Abends
für Stunden zu einem Spaziergang einlud.

Ich vergesse sie nicht!
Wie könnte ich?

PFIRSICH

Da meine Augen nur zwei schwarze Pflaumen
waren,
als du nach ihnen verlangtest,
schenkte ich dir eine davon
und behielt die andere für mich.

Oh, Mädchen!
Aber Herz hab ich nur eins,
nur einen Pfirsich.

Weißt du es nicht?

HEITER

Einige Zeit war ich
ein guter Freund
des Regens, des Schnees und des Hagels.
Die Zeit wurde lang,
und ich wünschte mir,
die grüne Flur zu erreichen.
Ich kam an.
Es dauerte eine Weile, und die Zeit wurde lang.

Ich träumte von
der Brise unter einer Laube
und von Trauben.
Der Traum wurde wahr,
doch nach einer Weile
wurde die Zeit lang.

Ich wollte gerne,
dass der Laubfall mich bedecke
und dass ich des Herbstes Wehklagen höre.
Nach einer Weile
wurde die Zeit lang.

Aber als ich deiner Liebe begegnete,
oh, schönes Mädchen –
wurde mein Gemüt heiter,
und du selbst wurdest zu allen Jahreszeiten.

DER ZOPF

Der Wind machte den Zöpfen
von Kale Vorwürfe,
weil sie sich flochten
und nicht mit ihm tanzen gingen.

Die traurigen Zöpfe sagten:
Bis die Finger von Kakil
sich nicht um uns wickeln,
werden wir mit niemandem tanzen.

Der Wind sagte:
Und wenn ich mich ärgere?
Und wenn diese Finger abfallen?

Die weinenden Zöpfe sagten:
Dann schneiden wir uns ab!

»Kale«: Mädchen in einem kurdischen Märchen. »Kakil«: ein Junge im gleichen Märchen. »Finger abfallen«: Redewendung für »Wenn etwas Schlimmes zustößt«

EUPHRAT UND EINIGE TRAURIGE LIEDER

»Am Euphrat habe ich wie ein sehnsüchtig Liebender für die Quellen Kurdistans gesungen. Von Erinnerungen erfüllt, war ich in einem Zustand der Ekstase; ich habe meinen Kopf auf den Arm seiner Sonnenuntergänge gelegt und von meiner Heimatstadt Sulaimanya, vom Dichten in der Fremde und von den roten Adlern Kurdistans geträumt.

Seither begleiten mich die Erinnerungen an Euphrat, wohin ich auch gehe. Bis jetzt hört man sein Brausen, seine Liebe und die Melodie jener Tage der Verbannung in so vielen meiner Gedichte! Wer weiß, vielleicht sind die Rogen vieler anderer Gedichte – wie die Rogen seiner Fische – noch in meinem Inneren, und irgendwann wachsen sie …

Weder das Lachen noch das Weinen des Dichters kann man mit Gewalt erzeugen. Die Quellen im Inneren kann man nicht nach Verlangen überquellen lassen. Sie hören nicht auf Bitten oder Flehen. Die Geburt dieser Wellen, dieser Träume und dieser Blumen hat keine bestimmte Zeit. Manchmal wird für ein kleines Rinnsal ein Gedicht geboren, manchmal wird für ein Meer nicht einmal ein Wort gesagt. Manchmal regnet es in Strömen, manchmal ist es jahrelang öde.«

Sherko Bekas in einem Interview, 1985

EUPHRAT

Euphrat kommt oft murmelnd zu mir,
setzt sich neben mich und streichelt
die Wellen seines Bartes mit der Hand.
Leise sagt er zu mir:
Lies mir Gedichte vor.
Das, was ewig bleibt,
sind meine Wasser
und jene Gedichte,
die nie die Armen vergessen.

GEZWITSCHER

Es war Mitternacht im Sommer.
Über meinem Kopf
tauschten zwei Sterne auf einem hohen Berg
ihr Lächeln aus.
Sie warfen sich Sträuße von Gezwitscher zu.

Der obere verfehlte einmal sein Ziel,
sodass sein Gezwitscher auf mein Bett
herabfiel,
und eins meiner Gedichte schlüpfte.

DER FISCHER

Das Boot des einsamen Fischers
auf dem Wasser im Abendrot
gleicht aus der Ferne
einem länglichen Tablett
mit spitzer Nase und goldenen Flanken.

Plötzlich, als ob es
ins Tal der Wellen
rutschte
oder verschluckt würde,
gleitet es mit der Welle;
und plötzlich, als ob es
hochgeworfen würde,
steigt es wieder auf Euphrat empor.

Oh, einsamer Fischer!
Du bist zwischen
zornigen und ruhigen Wellen,
ein langlebiger Kummer;
und ich bin hier am Ufer
eine kleinwüchsige, vereinsamte Dattelpalme

Etwas später,
wenn die Dunkelheit dichter wird,
später, wenn du eingeschlafen bist,
werden dein Kummer
und der von Euphrat
gemeinsam fliegen
und bei mir landen.

HALBAST

Durch das Wolkenfenster
streckte der Mond den Kopf vor.
Nach und nach
besprühte er Euphrat mit Silber.

Ketten
und Ohrringe …
so zitterten die Strahlen
auf dem Flussbett.

Wie meine Frau ist die Nacht
traurig.
Wir sitzen da,
still und betrübt.

Auf dem noch warmen Sand
des Ufers
trifft das Mondlicht die Haare
meiner älteren schwarzäugigen Tochter
und setzt ihr eine Goldmütze auf.
Hockend ist sie damit beschäftigt,
die nassen Muscheln
eine um die andere
aufzulesen.

Meine schwarzäugige Tochter
ist wie ein wirrer Blumenstrauß,
erst zwölf Jahre alt.
Sie singt vor sich hin
und lässt ihren Gesang
von Euphrat fortschwemmen:

»Oh, Kurdistan! …
Oh, mein Leben! …«

Ihre Mutter und ich
heben gleichzeitig den Kopf.
Ohne es zu wissen,
weinen wir leise.

Sherko Bekas war drei Jahre lang in der Wüste am Euphrat in der Verbannung. »Halbast« ist der Name seiner ältesten Tochter, wörtlich bedeutet er »Gedicht«.

ZWIESPRACHE

Guten Abend! Oh, Euphrat,
dem Berg entsprungen, unterwegs,
atemlos.

Oh, Mutter mit feuchten Strähnen,
der Nebel ist dein Schulterschal.
Oh, so viele Adern auf deinem Handrücken,
blau und klar an deinen Ufern.

Oh, du Gefährte,
verwirrt,
mäandernd –
mal schnell,
mal langsam,
Guten Abend!

Ohne dich … wie könnte ich
den Rost dieser Langeweile loswerden,
der die Stunden meines Lebens überzieht?

Nur zu dir an diesem vereinsamten Ort
kann ich kommen,
du hörst mir zu,
und in deinem Schoß,
auf der Schaukel deiner rastlosen Wellen
streichelst du meine Haare
wie deinem Sohn
und wiegst meine Unruhe;
und ich,

sanft und flüsternd,
schütte den Kummer meiner Gedichte vor dir aus.
Im Schatten und in der Tiefe deines Busens
beerdige ich die Flamme meines Atems.

Ohne dich … wie könnte ich
den Rost dieser Langeweile loswerden,
der die Stunden meines Lebens überzieht?

Nur du alleine an diesem stillen Ufer
voller Kieselsteine,
du mein Vertrauter,
verleihst meinem Herzen Freude!

Ich sehe dich vor mir
auf der Seite liegend,
deinen Kopf in eine Hand gestützt,
deinen Ellenbogen auf dem Sand,
die Wellen deiner Blicke
besprühen mich mit einem gelben Strahl;
und ich bin im stillen Schatten
des großblättrigen Feigenbaumes,
in den das greise Sonnenlicht
schleichend emporklettert,
dann wie hervorlugend
im Fenster der Zweige
hin und wieder
erscheint und verschwindet.

Ich hocke da mit verschränkten Beinen,
und gleich dem Sonnenlicht vom Norden
versinkt meine Fantasie
nach und nach
wie Glut
in dir.

Fern von den Geliebten,
fern vom Land der Gul umar
vergehen mir die grauen Tage
wie Rauchschwaden
von Häusern eines Dorfes am Abend.

Traurigkeit,
schlüpfrig wie Algen,
überzieht meine Seele.

Ein Schmerz,
rau wie die Riffeln
des harten Stammes einer Dattelpalme,
schürft meine Geborgenheit ab
und verwundet die Knospen meines Gefühls!

Viele meiner Träume sind
wie Fische, dem Wasser entrissen,
ihre Augen noch weit offen,
aber erstickt!

Diese Tage sind wie Jala-Blumen
bitter im Munde meines Lebens.

Aber ihr meine Geliebten in der Ferne!
Ihr meine teuren Freunde,
wo immer ihr seid,
meine Erinnerung an euch
begleitet mich wie mein Schatten.
Eure farbigen Briefe und Bilder
sind in der Kammer meines Herzens.
Die Liebe und die Sehnsucht,
fern von euch,
sind mein neuer Gedichtband
im Buch meines Innersten.

Gute Nacht! Gute Nacht!
Du bist nachts nicht blind.
Oh, Mutter der Fremde
und des Reisens,
oh, du Gefährte,
oh, Euphrat, im Dunkeln dahinziehend,
obwohl mein Blick jetzt,
ein Vogel mit gebrochenen Flügeln,
dich nicht erreicht,
um sich an deinen Hals zu schmiegen,
dich zu küssen,
erreicht mich aber
dein Brausen wie die Stimme

der erhabenen Geschichte,
wie das Echo eines stillen Tals,
im Schein des Mondlichts erstaunt,
wohlklingend … wohlklingend.

Oh, du Gefährte,
der du niemals ruhst.
Ich bin schläfrig,
ich kehre zu meinem verlassenen Haus zurück,
zu meinem einsamen, traurigen Zimmer.
Bis wir uns morgen
an diesem Ort wieder begegnen.

Oh, du mein einziger Vertrauter
in der Fremde.

Gute Nacht!

»Schulterschal«: Kolwana, Teil der kurdischen Tracht. »Gul umar«: eine Blume. Das Land der Gul umar ist die Stadt Sulaimanya. »Jala«: rosafarbene Blume mit bitterem Geschmack, ähnelt dem Oleander.

STREIT

Der Sturm provozierte
einen Streit
zwischen zwei Bäumen.
Sie zogen sich an den Haaren
und verletzten gegenseitig
ihre Blätter und Zweige
bis tief in die Nacht hinein.

Die Sonne kam,
und der Morgen
versöhnte sie beide.

Aber was in dieser Jahreszeit
zugrunde ging,
waren die gefallenen Früchte von beiden
auf dem Boden.

KINDERLIED

Oh, Kinder!
Eines Nachts hörte ich,
wie der Schnee
zum Mondlicht
flüsterte:
Mein Liebster,
stell die Laterne deiner Augen
heller!
Ohne dich
bringen mich die Wolken
zum Weinen.
Also vertreibe sie!
Kleide dich
mit meinem flockigen Gewand,
damit die Sternenblicke
aus den Augen von Sien
am Fenster dort
nicht mit mir zürnen
und damit die farbigen Träume
im Garten von Mam's Fantasie
nicht durch den Atem
des Herbstes
zerstreut werden.

* * *

Oh, Kinder!
Eines Morgens sah ich
eine Blume
ihre Haare
vor dem leicht gewellten Spiegel
eines Teiches
kämmen.
Ich hörte sie sagen:
Du Wasser meines Lebens!
Mach meine Wangen rosig
und färbe meinen Busen
mit bunten Mustern,
flechte meine Blätter
zu einem Zopf!
Weißt du, warum?

Damit meine Blättchen glänzen
und mein geliebter Schmetterling
nicht böse wird
und gebrochenen Herzens
davonfliegt.
Ohne dich
greifen mich die Dornen an,
um mich mit Fingern des Hasses
zu entblättern.

* * *

Oh, Kinder!
Eines Mittags merkte ich,
wie ein Feld die Saat laut rief:
Komm doch
und sprieße
in meinem aufgebrochenen Herzen!
Komm doch
und hebe deinen Kopf
aus meinen Wunden!
– Nur eine Bedingung:
dass du mir später
in deinem Schoß
das Glück schenkst.

* * *

Oh, Kinder!
Es war Abend,
als der Schnee und das Mondlicht
bei mir ankamen.
Es war Abend,
als die Blume, die Wellen
und der Schmetterling,
die Saat und das Feld
sagten:
Bisher haben nur wir
miteinander gesprochen.
Aber du? Was hast du zu sagen?

Ich antworte:

Damit der Schnee
noch schöner wird,
als er bereits ist,
das Mondlicht
noch anziehender,
der Schmetterling
zierlicher,
die Saat des Feldes
fruchtbarer,
damit ich sie
noch mehr liebe
und im Haus meiner Gedichte
zu Gast habe,
damit ich mit ihnen
die geliebten Wörter meines Lebens
schmücke
und sie ganz
in meinem Herzen
Platz haben,
damit die Kinder dieser Welt
und die Kinder meiner Heimat
immer dem Flügelschlag der Friedenstaube
nachschauen,
damit diese Kinder
für immer frei sind
und ihr Lachen einem Baum gleicht,

der viele Paare freudenklarer Augen und Früchte
im Garten der Wünsche
hervorbringt …
Oh, Kinder!,
deshalb geht bitte nicht fort,
sondern bleibt bei mir!

Immer, wenn ihr zu mir kommt,
inspiriert ihr mich zu Gedichten,
so farbig
wie eure Träume!

»Sien«: Die Geliebte von Mam im Märchen »Mam und Sien«, einer romantischen Tragödie in der kurdischen Literatur

GEFÄHRTEN

Am Anfang
eines jeden Herbstes,
wenn die Vögel
schwarmweise
aus Liebe zur Wärme
in den Süden ziehen
und uns verlassen,
merkt euch!,
in jenen Tagen
seht ihr die Gefährten jener Vögel
auf den Wiesen im Norden
gefangen,
betrübt.

Sie heben ihre feuchten Augen
aus Sehnsucht und
schmiegen im Garten die Brust
an das Nest
und die Stangen der Käfige,
dem Süden zu.

In jenen Tagen
hört zu!
Ihr hört diese gefangenen Gefährten
immerfort für die Bäume
des warmen Südens singen!

»Norden«: Kurdistan

AUGENLICHT

In einem Schloss
sagte ein Blumenstrauß
zu seiner goldenen Vase:
Bis gestern, als ich noch auf der Wiese war,
wo die Armen mich riechen konnten
und die Blätter mein grüner Schirm
gegen Regen und Sonne waren,
als die Vögel, die Bäume,
der Wind und der Schnee
meine Bekannten, Freunde und Gefährten waren,
wurde ich von der Liebe verwöhnt.

Meine Küsse waren
das Parfüm des Lebens.
Seit ich gestern in den Schoß
deines Schlosses kam,
und die Nase des Königs
den Duft meines Lebens
einatmet,
sehe ich mich
als einen Dorn,
der das Augenlicht seines eigenen
Frühlings
löscht.

SORGE

Ich ging durch einen Wald,
auf meinem Weg
kam eine Tanne auf mich zu
und fragte nach den Wolken.
Ich sagte:
Sie sind unterwegs zu dir.
Vor kaum einer Stunde
sah ich sie auf dem Gipfel.

Ich ging nur ein Stück weiter,
da fasste mich ein Walnusszweig
am Kragen und fragte:
Weißt du nicht, wohin
die Brise gegangen ist?
Zwei Tage habe ich sie
nicht mehr gesehen.
Ich sagte:
Sie hat beim Schnee geschlafen.
Ich selbst sah sie dort.

Nach ein paar weiteren Schritten
gab mir ein dunkler Olivenbaum
ein Zeichen und fragte:
Hast du eine Taube gesehen
mit blauer Brust und schönem Gesang?
Ich sagte:
Ja, ich sah sie auf jenem Hügel,

wo sie den Weg ins Herz eines Hirten
gefunden und bald darauf
aus ihm ein Nest gebaut hat.

Als ich weiterging,
strich sich eine Trauerweide
eine Strähne aus dem Gesicht
und fragte:
Hast du einen rundlichen Fisch gesehen,
der ein schuppiges Kleid trägt?
Ich sagte:
Ich kenne ihn.
In einem Garten dort drüben,
im Boot eines breiten Feigenblattes.
Ich selbst sah die beiden:
Er steckte sein Maul
in das Maul eines roten Fisches
im Teich.

Ich ging an ihnen vorüber.
Ein Kirschbaum kam mir in den Weg
und fragte:
In welchem Land der Liebe
ist meine geliebte Nachtigall gefangen?
Ich flüsterte in sein Ohr
und zog aus meiner Tasche
ihre neueste Adresse.

Als ich den Wald verließ und weiterging,
sah ich eine Axt rennen,
außer Atem, mit schlammbedeckten Füßen.
Sie kam auf mich zu,
als sie mich sah, hielt sie an
und sagte:
Ich habe einige rebellierende Bäume
verloren.
Ich habe lange gesucht,
Garten für Garten,
Haus für Haus.
Hast du sie nicht gesehen?

In diesem Moment beschloss ich,
blind, taub und stumm zu werden.

DAS TAL DES SCHMETTERLINGS

I

Auch in dieser Nacht
hole ich mir einen Stern vom Zweig
im Garten dieses wolkenlosen Himmels
herunter.

Jetzt nehme ich meinen Stern in der Hütte
auf meinen Schoß.
Von seinem Gezwitscher wacht mein Vater auf.
Er streckt seine Hand aus,
nimmt ihn und stellt ihn zwischen die Kindheit
und das Gedicht:
Auf einer Seite küsse ich seine silberne Wange,
auf der anderen schreibt mein Vater
in seinem Schein ein Gedicht.

II

Hast du den Schnee
zu Gast,
lass ihn nicht warm werden,
sonst wird dein Haus überschwemmt.

(Ich hörte dies von einem Feuer Piramerds.)
»Vater«: Sherko Bekas' Vater war ein bekannter Dichter. »Piramerd«:
Kurdischer Dichter und Philosoph, wörtlich »Der Alte«.

III

»Wie kann er schlafen,
wenn er bereits so viele Träume getötet hat?«

»Er schläft, aber er träumt nie!«

(Das war das geheime Gespräch zweier Vögel aus zwei Städten Kurdistans.)

IV

Wenn der Sturm
dir den Weg verstellt,
werde zu einem Berg.

Wenn die Brise
erfreut auf dich zukommt,
werde zu einem Garten!

(Ich las dies im Tagebuch einer Eiche.)

V

Ist das eine Elster, die fliegt,
oder der schwarz-weiße Schrei
meiner Mutter?!

(Das waren die Worte eines Kindes aus Halabja, eine halbe Minute, bevor es durch das Giftgas blind und taub wurde.)

VI

Ich gebe der Zufriedenheit
nie Einlass
in die Wolken meiner Gedichte,
sodass es,
auch wenn ich tausendmal regne,
mir wie einmal erscheint.

(Dieses Sprichwort sagte mir eine Feder, die bis zum Tode nie des Regens der Fantasie beraubt war.)

VII

Jedes Mal, ohne dass sie
an die Tür meiner Wörter klopft,
kommt die Wolke
in mein Zimmer,
ohne dass wir verabredet waren,
und bringt mir
Lieder
mit feuchten Haaren.

Ohne zu fragen,
jeden Tag,
erreichen eine Welle oder zwei oder drei,
voller Strahlen und Blumen,
den Schatten meines Berges.
Sie gehen nicht fort,
bis sie mich

zu einer Oase von Gedichten
oder mein Zimmer
zu einem Teich von Sternen machen.

Eine Eiche kommt zu mir
und verbindet ihre Wurzeln
mit den Adern meiner Füße.

Ein großer Fels kommt
und schenkt meinem Rücken
seine Stärke.

Ein Gipfel kommt
und setzt auf meine Höhe
die seine
obendrauf.

Die Tränen der Fremden im Herbst
sind meine Freunde.
Auch sie kommen zu mir,
aufsteigend auf der leichten Abendbrise.

VIII

Es ist kein Berg mehr,
der sich mit einer einzigen Farbe
zufriedengibt
oder mit einem einzigen Schneesturm
beruhigt wird.

Es ist kein Wasser mehr,
das sich mit einem Wirbelsturm
zufriedengibt
oder mit einem Sandsturm beruhigt wird.

Es ist kein Baum mehr,
der sich mit einer Jahreszeit
zufriedengibt
oder mit einem Regenschauer beruhigt wird.

Ich liebe das Gedicht,
das sich nicht mit einem Weg, einer Grenze
oder einem Ort zufriedengibt
und dessen Schmerzen
nie gelindert werden.

IX

Ich bin gekommen,
damit der Wind mir beibringt,
wie ich einen Fluss wiege.

Ich bin gekommen,
damit der Fels mir beibringt,
wie ich auf ihm wachse.

Ich bin gekommen,
damit die Wurzeln mir beibringen,
wie ich das Herz der Erde erreiche.

Ich bin gekommen,
damit die Blume mir beibringt,
wie das Gedicht schöner wird.

Ich bin gekommen,
damit der Vogel mir beibringt,
wie meine Blicke fliegen.

Ich bin gekommen,
damit dieses große Feuer der Liebe
zur Heimat
mich verbrennt.

Ich bin hier
in dieser dichten Liebe
sicher
wie die Wahrheit.

Ich bin hier
in dieser Schlucht voller Rauch und Angst
geborgen
wie der Tanz der Freiheit.

HOLZKOHLE

Als ich in einer Nacht in Schech Wasan
zu Asche und Holzkohle geworden war,
wurden am nächsten Tag
die Zeitungen Europas
Seite um Seite
zu Fledermäusen.

In derselben Nacht,
fern von mir,
versengte die Kerzenflamme
in einer Kirche
ein paar Barthaare eines Priesters.

Am nächsten Tag
rochen sämtliche Zeitungen Europas
von der ersten bis zur letzten Seite
nach Verbranntem.

»Schech Wasan«: Dorf in der Provinz Hauler in irakisch Kurdistan, in der Giftgas eingesetzt wurde. »Zur Fledermaus werden«: Redewendung für »Erblinden«

TAGEBUCH

Eine Blume schrieb ihr eigenes Tagebuch;
eine Hälfte davon
war über den schönen Blick des Wassers.

Das Wasser schrieb sein eigenes Tagebuch;
eine Hälfte davon
war über die Erhabenheit des Waldes.

Als der Wald sein eigenes Tagebuch schrieb,
war eine Hälfte davon
über die geliebte Heimat.

Als meine Heimat ihr eigenes Tagebuch schrieb,
war das ganze Tagebuch
von Anfang bis Ende
über die barmherzige Mutter Freiheit.

HALABJA

Es war der 14. des Monats;
auf Goyja entführte der Wind meine Feder.
Als ich sie fand und damit schrieb,
flogen meine Worte in Schwärmen.

Es war der 15. des Monats;
der Sirwan spülte meine Feder weg.
Als ich sie einfing und damit schrieb,
wurden meine Gedichte zu Fischen.

Es war der 16. des Monats!
Ah, du sechzehnter Tag!
Als Scharazoor meine Feder von mir nahm
und sie mir zurückgab, damit ich schreibe,
waren meine Finger vertrocknet
wie Halabja!

»Halabja« (Halabdscha): Historische Stadt im irakischen Teil Kurdistans, in der am 16. März 1988 durch den Einsatz von Giftgas fünftausend Menschen ums Leben kamen, weitere fünftausend schwer verwundet und Tausende von Tieren getötet wurden und die Landschaft verwüstet wurde. »Goyja« (Goydsche): Berg in der Provinz Sulaimanya im irakischen Kurdistan. »Sirwan«: Fluss bei Sulaimanya. »Scharazoor«: Ebene östlich von Sulaimanya, in der auch die Stadt Halabja liegt.

NUR EINER VON UNS

Es war Abend;
wir waren gerade noch entkommen,
aber wie für den Regen
von damals
gab es auch für uns kein Ende.

Wir gingen wie eine Reihe von Tränen
und kletterten wie Rauchschwaden
eines Dorfes
am Berg empor.

Wir waren nass und trieften vom Regen.
Unsere Beine waren der Teich unserer Körper.
Unsere Kinder: Schwalben.
Unsere Frauen: Bäume des Herbstes.
Unsere Alten: Erschöpfte Pferde.
Alle nass: Regenrinnen!

Nur einer von uns unterm Regenschirm,
kein Tropfen traf ihn.
Er war auch der Ruhigste von uns:
Das Kind,
abgeschirmt im Leib meiner Frau!

VERRÄTER

Mitternacht im Sommer.
Auf einem Berg
schlich sich
eine Eibe
auf Zehenspitzen davon,
kaum war der Mond hinter dem Bergkamm
verschwunden.

Sie war allein.
Sie ließ sich von keinem Zweig
oder Spaziergänger sehen.

Die Eibe, Blick ins Tal,
suchte Zuflucht im Hause einer Axt.
Die Axt machte sie zum Wächter,
damit sie auf ihr Schloss aufpasse.

Eines Tages im Winter
war es der alten Axt sehr kalt.
Sie zerstückelte die Eibe
und warf sie in den Kamin.

KIESELSTEIN

Ein Haar eines schönen Mädchens
war auf meiner Schulter zurückgeblieben.
Später machte ich aus ihm
das Schaukelseil für eins meiner jungen Gedichte

Ein Kieselstein von Kurdistan
– seit wann? wie? weiß nicht! –
war in einer Ecke meiner Tasche gelandet,
und heute fand ich ihn zufällig.

Ich nahm ihn heraus, küsste ihn
und machte ihn zur Ka'ba all meiner Gedichte.

SHERKO BEKAS

Sherko Bekas wurde am 2. Mai 1940 in Sulaimanya (im irakischen Teil Kurdistans) als Sohn des großen kurdischen Dichters Fayak Bekas geboren.

1974 schloss er sich der kurdischen Freiheitsbewegung an und arbeitete für deren Radiosender. Bereits ein Jahr später wurde er verhaftet und in den Südirak verbannt, wo er drei Jahre unter Hausarrest stand. Wegen politischer Verfolgung durch das irakische Regime verließ er seine Heimat im Jahre 1986. Ab 1987 lebte er im Exil in Schweden, 1992 kehrte er in die kurdisch verwalteten Gebiete des Irak zurück. Er wurde zum Kultusminister des Vereinigten Kurdischen Regionalstaats ernannt, gab diesen Posten aber nach einem Jahr wieder auf und widmete sich ganz dem Schreiben und der aktiven Kulturförderung.

Sherko Bekas nimmt eine führende Rolle in der modernen kurdischen Literatur ein. Er hat im Jahre 1971 ein neues Element in die kurdische Poesie eingeführt, das »Ruwanga« (Vision) genannt wird und eine Abkehr von den strengen traditionellen Regeln, zum Beispiel dem Reim, bedeutete. Zum ersten Mal hat er im Jahre 1975 das »Poster-Gedicht« in die kurdische Poesie eingeführt. Dieser Begriff hat seine Quellen in den gestaltenden Künsten, in der Malerei. Poster-Gedichte sind meist knapp und konzentriert und gehen von kleinen oder unbedeutend scheinenden Gegenständen oder Geschehnissen aus. Durch eine überraschende Wendung, die manchmal wie ein Erschrecken wirkt, wird das Geheimnis enträtselt. Literaturkritiker haben den Stil solcher Poster-Gedichte als »As-sahil al-mumtana'« bezeichnet, als »das einfache Unerreichbare«.

Seine Werke sind ins Arabische, Schwedische, Italienische und Französische übersetzt und mehrfach ausgezeichnet worden. Zudem war Bekas selbst als Übersetzer tätig. Er übersetzte unter anderem Hemingways *Der alte Mann und das Meer* und García Lorcas *Bluthochzeit* ins Kurdische. 1988 wurde ihm der Tucholsky-Preis des schwedischen PEN Club verliehen.

Er starb 2013 in Stockholm.

Bachtyar Ali im Unionsverlag

Der letzte Granatapfel
An Bord eines Bootes, das ihn zusammen mit anderen Flüchtlingen in den Westen bringen soll, erzählt Muzafari Subhdam seine Geschichte. Nach einundzwanzig Jahren Gefangenschaft in der Wüste begibt er sich auf die Suche nach seinem Sohn, in einem Land, das er nicht mehr kennt.

Die Stadt der weißen Musiker
Als man dem kleinen Dschaladat die Flöte zum ersten Mal in die Hand drückt, entlockt er ihr Klänge, die alle verzaubern. Im Krieg muss er in einer namenlosen Stadt der Bordelle all seine Kunst wieder verlernen. Ein rätselhaftes Mädchen beschützt ihn und führt ihn auf einen Weg in die Tiefen seines Landes, der unsere Vorstellungskraft übersteigt.

Perwanas Abend
Für Perwana und ihre Freundinnen hat das tägliche Leben unüberwindbare Grenzen. Die Väter, die Brüder, aber auch die tyrannischen Hüterinnen von Sitte und Glauben sitzen ihnen im Nacken. Eine nach der anderen verschwindet aus der Stadt – zusammen mit ihrem Geliebten. Wo ziehen sie hin?

»Sofort versteht man, warum der Autor in seiner Heimat Kultstatus genießt. Wie konnte ein solcher Autor sich vor unserem Buchmarkt so lange verbergen? Wir werden noch viel von ihm hören und lesen.« *Stefan Weidner, Süddeutsche Zeitung*